Impressum
Verlag: BABADADA GmbH, Nedderfeld 112 , 22529 Hamburg
Geschäftsführer / Verlagsleitung: Harald Hof
Druck: Books on Demand GmbH, In de Tarpen 42, 22848 Norderstedt

Imprint
Publisher: BABADADA GmbH, Nedderfeld 112 , 22529 Hamburg, Germany
Managing Director / Publishing direction: Harald Hof
Print: Books on Demand GmbH, In de Tarpen 42, 22848 Norderstedt

AF234883

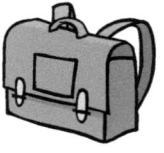

المدرسة

shule

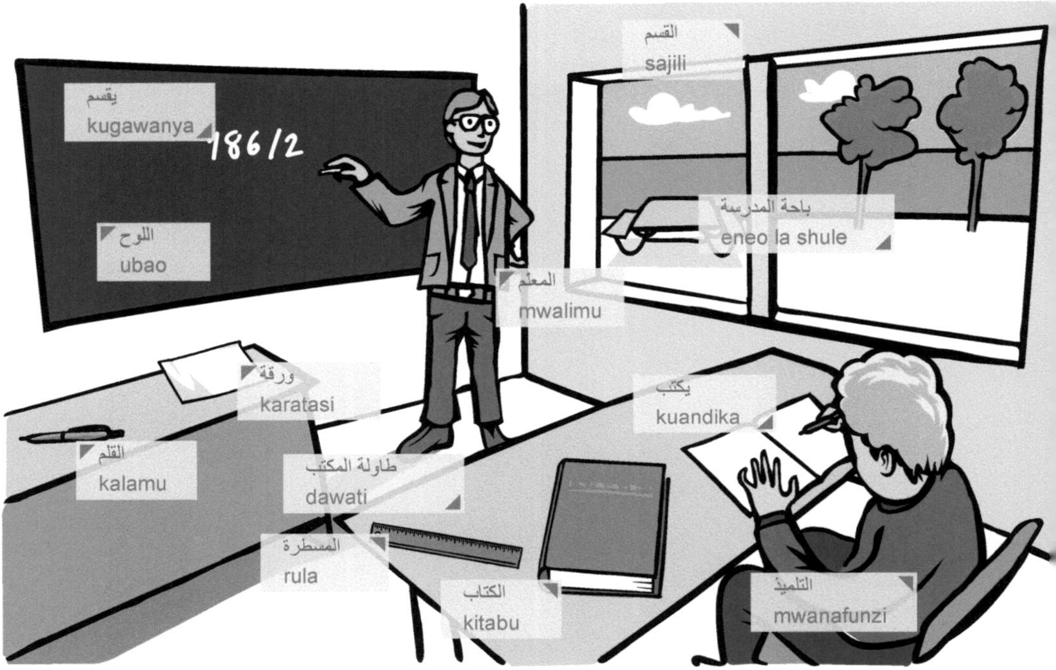

يقسم
kugawanya
186/2
القسم
sajili
اللوح
ubao
باحة المدرسة
eneo la shule
المعلم
mwalimu
ورقة
karatasi
يكتب
kuandika
القلم
kalamu
طاولة المكتب
dawati
المسطرة
rula
الكتاب
kitabu
التلميذ
mwanafunzi

الحقيبة المدرسية

mkoba

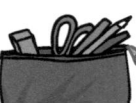

المقلمة

kikasha cha penseli

قلم الرصاص

penseli

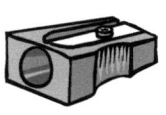

البرّاية

kichonga penseli

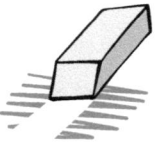

المِمحاة

mpira

دفتر الرسم

pedi ya kuchora

		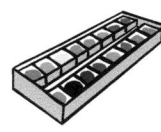
الرسمة	الفرشاة	علبة التلوين
uchoraji	brashi ya rangi	sanduku la rangi

المقص	المادة اللاصقة	دفتر التمارين
mkasi	gundi	daftari

الواجب المدرسي	الرقم	يجمع
kazi ya nyumbani	nambari	jumlisha

يطرح	يضرب	يحسب
ondoa	zidisha	kokotoa
	ABCDEFG HIJKLMN OPQRSTU VWXYZ	
الحرف	الأبجدية	كلمة
barua	alfabeti	neno

النص

maandishi

يقرأ

kusoma

الطبشور

chaki

الحصة

somo

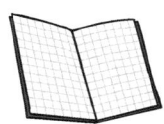

دفتر الدوام المدرسي

sajili

الامتحان

uchunguzi

شهادة

cheti

اللباس المدرسي

sare za shule

التعليم

elimu

الموسوعة

elezo

الجامعة

chuo kikuu

المجهر

darubini

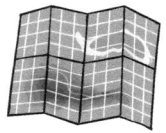

الخريطة

ramani

قماما

kikapu cha kuweka karatasi
chafu

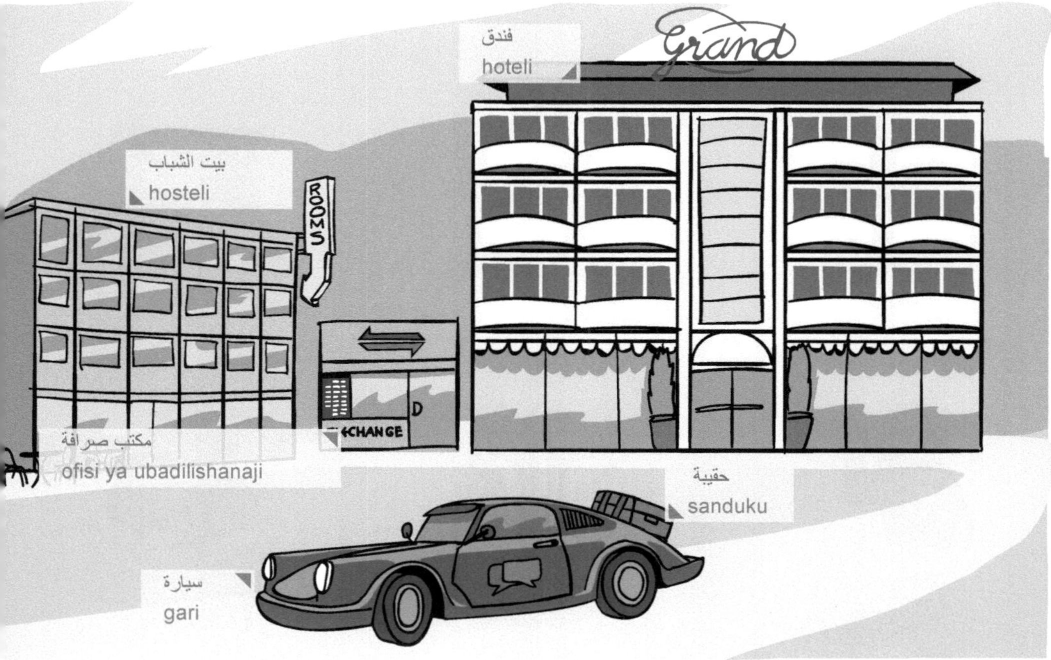

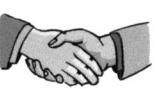

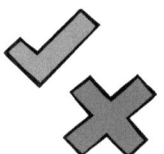

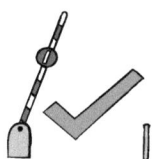

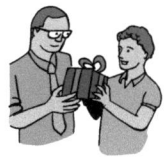

فندق
hoteli
Grand
بيت الشباب
hosteli
ROOMS
EXCHANGE
مكتب صرافة
ofisi ya ubadilishanaji
حقيبة
sanduku
سيارة
gari

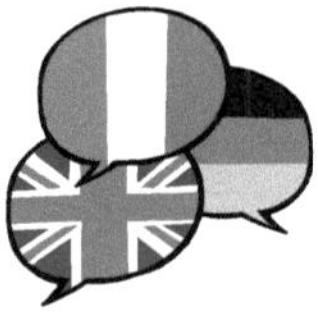

اللغة

lugha

نعم / لا

ndiyo / la

حسناً

sawa

مرحباً

hujambo

مترجم

mtafsiri

شكراً

Asante

كم ثمن ... ؟	لا أفهم	مشكلة
kiasi gani ni ...?	Sielewi	tatizo

مساء الخير	صباح الخير!	ليلة سعيدة
Jioni njema!	Habari za asubuhi!	Usiku mwema!

إلى اللقاء	اتجاه	أمتعة السفر
kwa heri	mwelekeo	mizigo

حقيبة	حقيبة ظهر	ضيف
mfuko	shanta	mgeni

غرفة	كيس للنوم	خيمة
chumba	begi la kulalia	hema

استعلامات سياحية

taarifa ya utalii

شاطئ

ufuo

بطاقة انتمان

kadi

إفطار

kifunguakinywa

طعام الغداء

chakula cha mchana

العشاء

chakula cha jioni

بطاقة سفر

tiketi

مصعد

kuinua

طابع بريدي

muhuri

حدود

mpaka

الجمارك

mila

سفارة

ubalozi

تأشيرة

visa

جواز سفر

pasipoti

usafiri

طائرة
ndege

سفينة
meli

سيارة إطفاء
injini ya moto

سيارة شاحنة
lori

حافلة
basi

زورق آلي
motaboti

سيّارة
gari

درّاجة
baiskeli

عبارة
feri

قارب
mashua

دراجة نارية
pikipiki

سيارة شرطة
gari la polisi

سيارة سباق
gari la mashindano

سيارة مستأجرة
gari la kukodisha

أسلوب تشاركي في استئجار السيارات

kushiriki gari

سيارة للجر

lori la kuvuta

سيارة نقل القمامة

ukusanyaji taka

محرك

motor

وقود

mafuta

محطة وقود

kituo cha mafuta

إشارة مرور

ishara trafiki

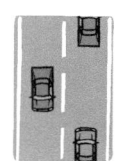

حركة السير

trafiki

ازدحام سير

msongamano

موقف سيارات

maegesho

محطة قطار

kituo cha treni

سكك حديدية

reli

قطار

garimoshi

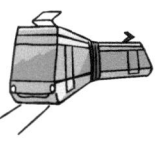

ترام

tremu

عربة قطار

gari la mizigo

طائرة مروحية

helikopta

مطار

uwanja wa ndege

برج

mnara

مسافر

abiria

حاوية

chombo

علبة كرتون

katoni

عربة يد

mkokoteni

سلة

kikapu

يقلع / يهبط

ondoka

مدينة

jiji

قرية

kijiji

مركز المدينة

katikati ya jiji

بيت

nyumba

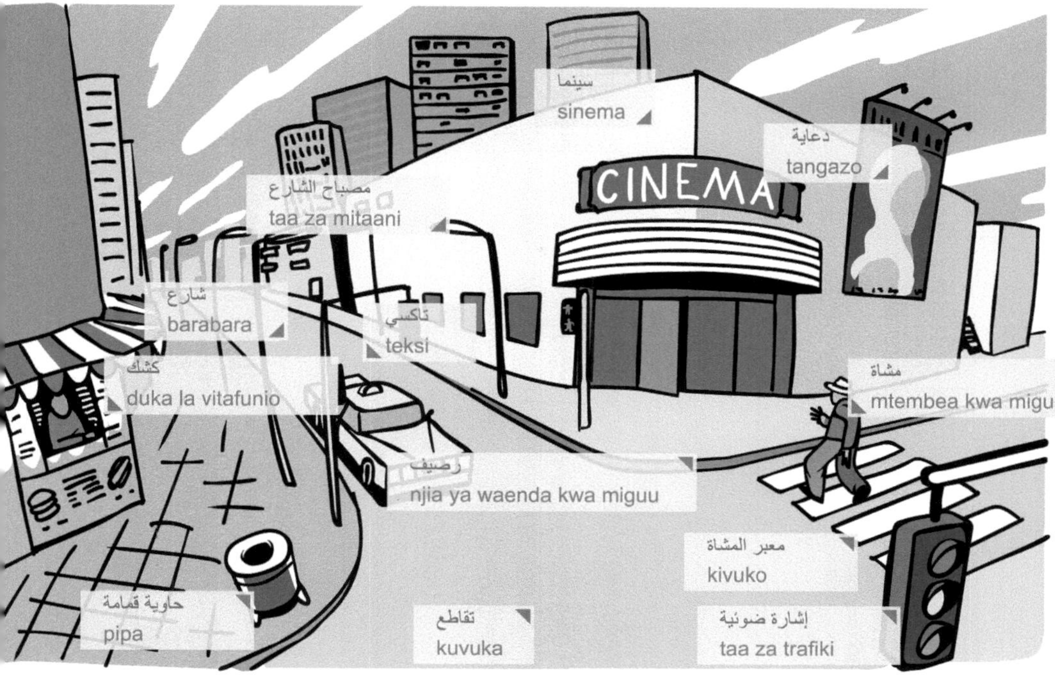

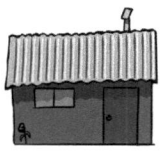

CINEMA
سينما
sinema
دعاية
tangazo
مصباح الشارع
taa za mitaani
شارع
barabara
تاكسي
teksi
كشك
duka la vitafunio
مشاة
mtembea kwa miguu
رصيف
njia ya waenda kwa miguu
معبر المشاة
kivuko
حاوية قمامة
pipa
تقاطع
kuvuka
إشارة ضوئية
taa za trafiki

كوخ

kibanda

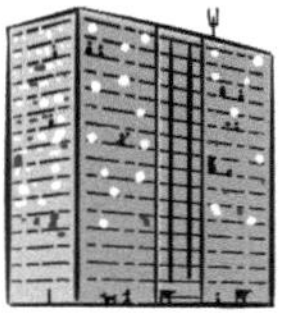

شقة

gorofa

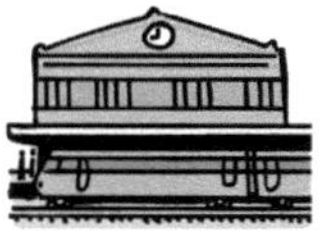

محطة قطار

kituo cha treni

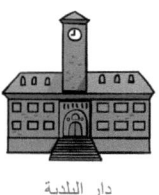

دار البلدية

ukumbi wa mji

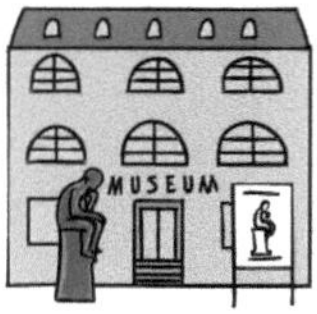

MUSEUM

متحف

Makavazi

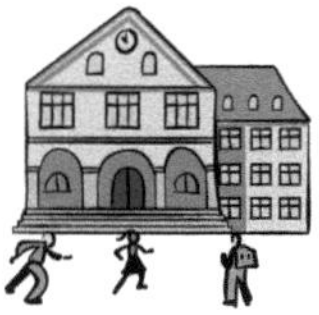

المدرسة

shule

الجامعة

chuo kikuu

مصرف

benki

المستشفى

hospitali

فندق

hoteli

صيدلية

duka la dawa

مكتب

ofisi

مكتبة

duka la kitabu

متجر

duka

محل لبيع الزهور

duka la maua

سوبرماركت

dukakuu

سوق

soko

متجر كبير

idara ya kuhifadhi

تاجر السمك

mwuza samaki

مركز تسوّق

kituo cha ununuzi

ميناء

bandari

حديقة عامة

Hifadhi

مقعد

benki

جسر

daraja

درج، سلم

vidato

مترو

chini ya ardhi

نفق

handaki

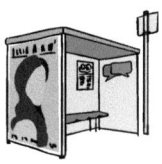

موقف حافلات

kituo cha mabasi

بار

bar

مطعم

mgahawa

صندوق البريد

sanduku la posta

لافتة باسم الشارع

ishara ya barabara

مقياس زمن الوقوف

mita ya maegesho

حديقة حيوانات

bustani ya wanyama

مسبح

kidimbwi cha kuogelea

مسجد

msikiti

مزرعة

shamba

تلوث البيئة

uchafuzi

مقبرة

makaburini

كنيسة

kanisa

ملعب الأطفال

uwanja wa michezo

معبد

hekalu

طبيعة ريفية

mazingira

ورقة
jani

علامة إرشاد
ishara ya mwelekeo

طريق
njia

مرج
malisho

حجر
jiwe

رحّالة
mtembeaji wa masafa

شجرة
mti

نهر
mto

عشب
nyasi

زهرة
ua

وادٍ

bonde

جبل

kilima

بحيرة

ziwa

غابة

msitu

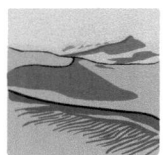

صحراء

jangwa

بركان

volkano

قلعة

ngome

قوس قزح

upinde wa mvua

فطر

uyoga

نخلة

mtende

بعوضة

mbu

ذبابة

kuruka

نملة

chungu

نحلة

nyuki

عنكبوت

buibui

خنفساء

mende

ضفدعة

chura

سنجاب

kuchakuro

قنفذ

nungunungu

أرنب

sungura

بومة

bundi

عصفور

ndege

بجعة

swan

خنزير برّي

nguruwe mwitu

غزال

kulungu

إلكة

aina ya kongoni

سد

bwawa

دولاب الطاحونة الهوائية

tabo ya upepo

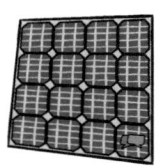

خلية شمسية

nishaji ya jua

مناخ

hali ya hewa

مطعم

mgahawa

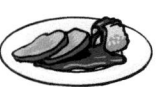

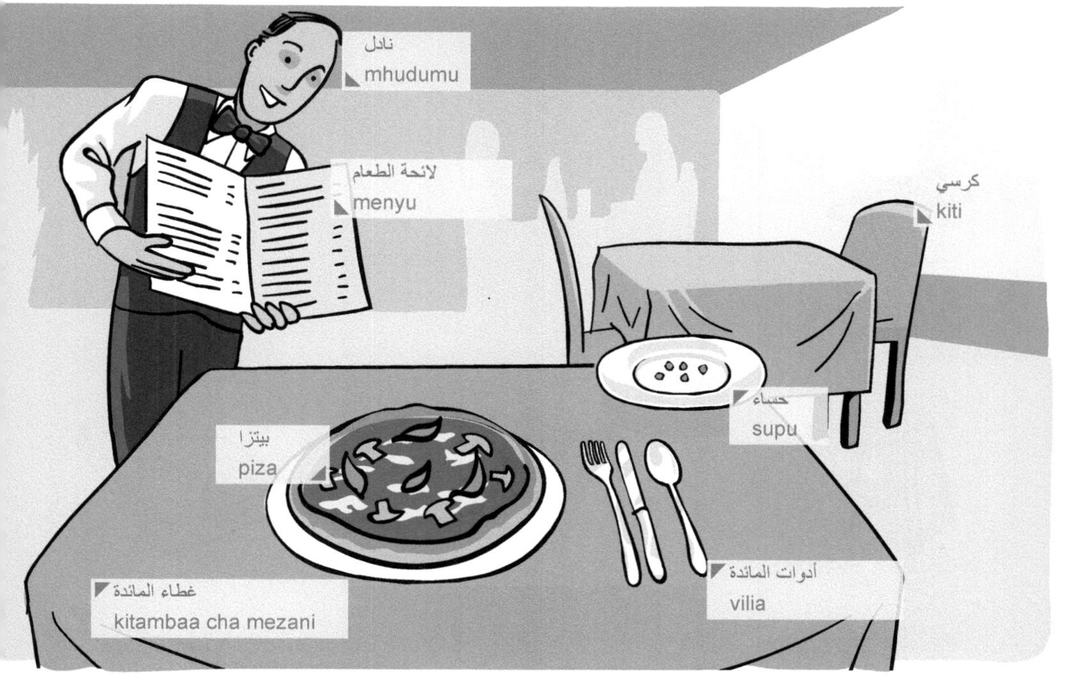

نادل
mhudumu
لائحة الطعام
menyu
كرسي
kiti
حساء
supu
بيتزا
piza
غطاء المائدة
kitambaa cha mezani
أدوات المائدة
vilia

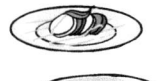

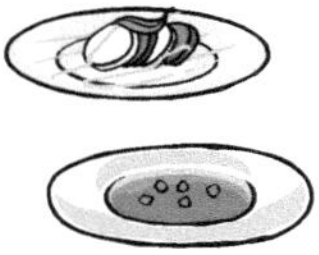

مقبلات

kiamsha hamu

الصحن الرئيسي

kozi kuu

حلوى أو فاكهة بعد الطعام

kitindamlo

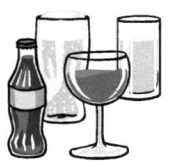

مشروبات

vinywaji

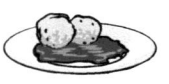

طعام

chakula

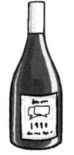

زجاجة

chupa

وجبات سريعة

chakula cha haraka

طعام الشارع

Streetfood

إبريق الشاي

buli

علبة السكر

kisanduku cha sukari

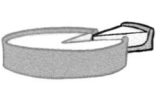

حصّة

sehemu

آلة الإسبريسو

mashine ya espresso

كرسي عالٍ

kiti kirefu

فاتورة

muswada

صينية

trei

سكين

kisu

شوكة

uma

ملعقة

kijiko

ملعقة الشاي

kijiko cha chai

منديل المائدة

nepi

كأس

glasi

مطعم - mgahawa

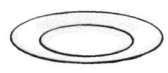

صحن

sahani

صحن الحساء

sahani ya supu

صحن الفنجان

sufuria

صلصة

mchuzi

مملحة

kichanyaji chumvi

مطحنة الفلفل

kinu cha pilipili

خلّ

siki

زيت الطعام

mafuta

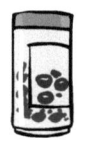

توابل

viungo

كتشاب

kechapu

خردل

haradali

مايونيز

kachumbari nzito

سوبرماركت

dukakuu

عرض خاص
ofa maalum
FOR
زبون
mteja
مشتقات الحليب
maziwa
فواكه
matunda
عربة تسوّق
toroli

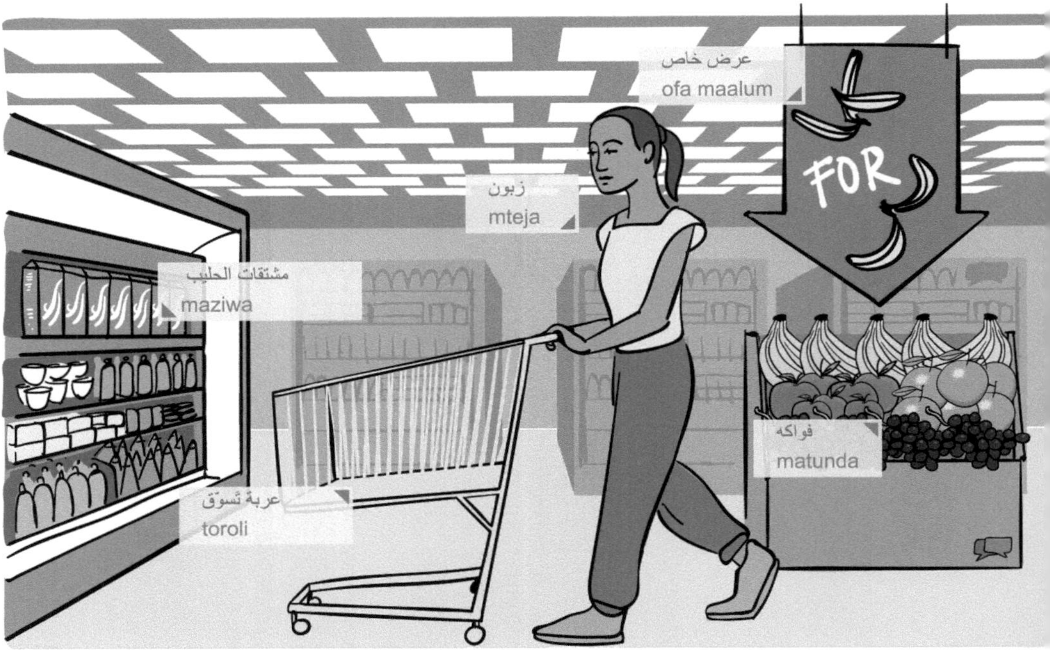

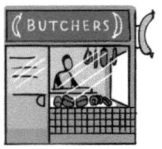

BUTCHERS

جزّار

mchinjaji

BAKERY

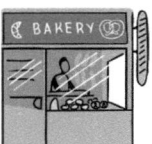

مخبز

mwokaji

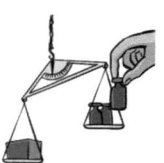

يزن

uzito

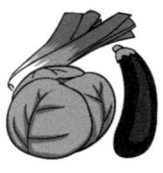

خضار

mboga

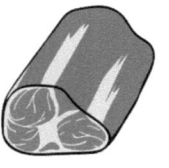

لحم

nyama

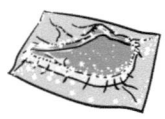

المأكولات المجمّدة

chakula waliohifadhiwa

مرتدلا أو جبن

vipande vya nyama baridi

معلّبات

chakula cha kopo

مسحوق الغسيل

sabuni ya unga

حلويات

pipi

المواد المنزلية

bidhaa za kaya

منظفات

bidhaa za kusafisha

بائعة

mtu mauzo

صندوق الحساب

mpaka

أمين صندوق

keshia

قائمة المشتريات

orodha ya manunuzi

أوقات العمل

masaa ya ufunguzi

محفظة النقود

mkoba

بطاقة انتمان

kadi

حقيبة

mfuko

كيس بلاستيكي

mfuko wa plastiki

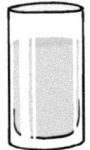

ماء

maji

عصير

sharubati

حليب

maziwa

كولا

coke

نبيذ

mvinyo

بيرة

bia

كحول

pombe

كاكاو

kakao

شاي

chai

قهوة

kahawa

قهوة إسبريسو

spreso

كابوتشينو

kapuchino

موزة

ndizi

تفاح

tufaha

برتقال

machungwa

بطيخ

tikiti

ليمون

lemon

جزرة

karoti

ثوم

kitunguu saumu

خيزران

mianzi

بصل

kitunguu

فطر

uyoga

لوزيات

karanga

شعيرية

nudo

سباغيتي

spageti

أرزّ

mpunga

سلطة

saladi

بطاطا مقلية

vibanzi

بطاطا مقلية

viazi vya kukaanga

بيتزا

piza

هامبورغر

hambaga

ساندويش

sandwichi

شريحة لحم مقلية

kipande

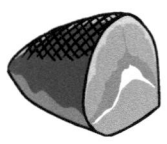

لحم خنزير

paja la mnyama

سلامي

salami

سجق

soseji

دجاج

kuku

لحم محمر

choma

سمك

samaki

دقيق الشوفان

oats ya uji

موسلي

muesli

كورن فلكس

cornflakes

طحين

unga

كرواسان

kroisanti

خبز صغير

andazi

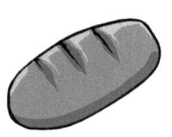

خبز

mkate

خبز محمص

mkate wa kubanika

بسكويت

biskuti

زبدة

siagi

لبن زبادي

maziwa mgando

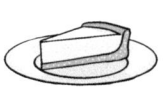

كعكة

keki

بيضة

yai

بيض مقلي

yai kukaanga

جبنة

jibini

مثلجات

aiskrimu

سكر

sukari

عسل

asali

مربّى الفاكهة

jemu

كريم النوغا

kuenea kwa chokoleti

الكاري

mchuzi wa viungo

مزرعة
shamba

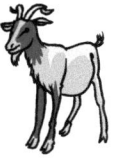

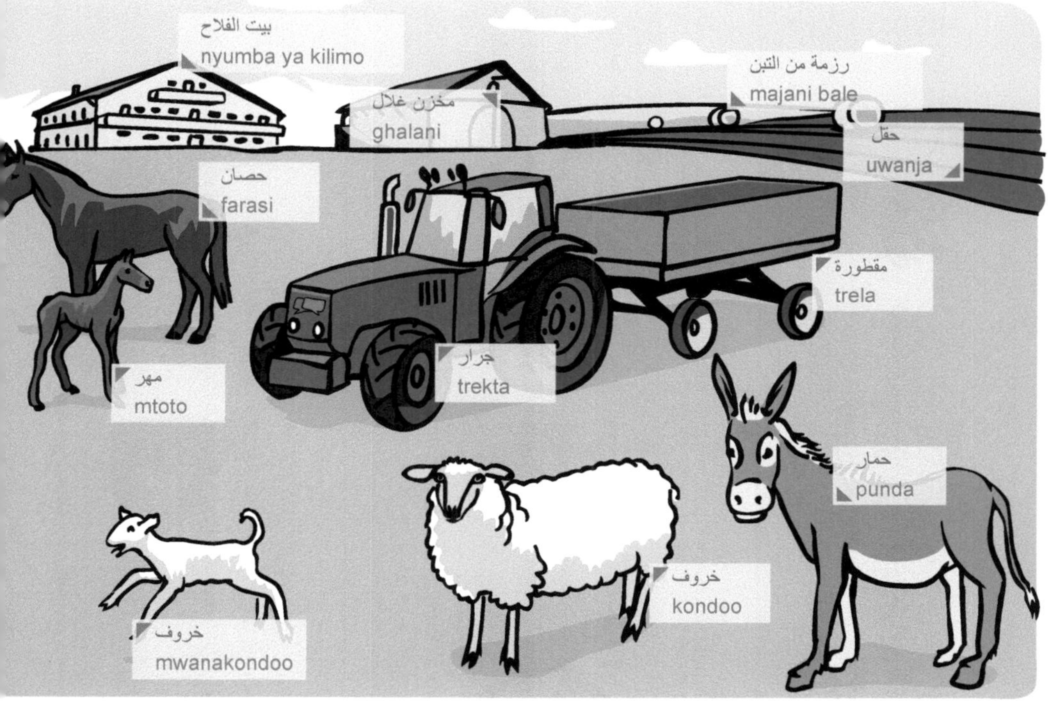

بيت الفلاح
nyumba ya kilimo
مخزن غلال
ghalani
رزمة من التبن
majani bale
حقل
uwanja
حصان
farasi
مقطورة
trela
جرار
trekta
مهر
mtoto
حمار
punda
خروف
kondoo
خروف
mwanakondoo

ماعز

mbuzi

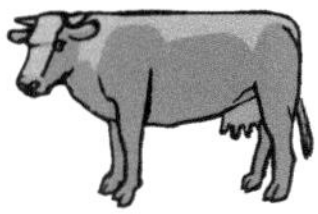

بقرة

ng'ombe

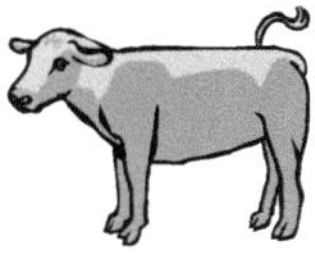

عجل

ndama

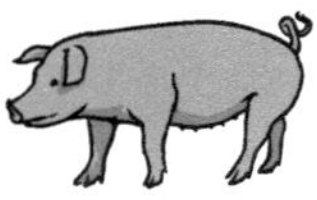

خنزير

nguruwe

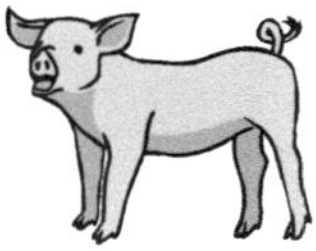

خنزير صغير

mwananguruwe

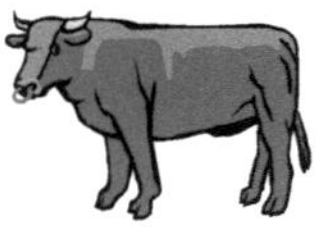

ثور

fahali

إوزّة

batabukini

بطّة

bata

صوص

kifaranga

دجاجة

kuku

ديك

jogoo

جرذ

panya

قطّة

paka

فأر

panya

ثور

ng'ombe

كلب

mbwa

كوخ الكلب

nyumba ya mbwa

خرطوم الحديقة

bomba la bustani

إبريق

debe la kumwagilia maji

منجل

fyekeo

المحراث

kulima

منجل	معزقة	مذراة الزبل
mundu	jembe	uma wa nyasi
		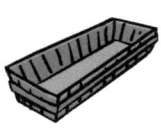
بلطة	عربة يد	معلف
shoka	toroli	kupitia nyimbo

صفيحة الحليب	كيس	سياج
chombo cha maziwa	gunia	ua
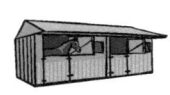	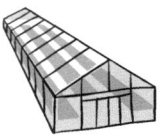	
اصطبل	دفيئة	تربة
imara	chafu	udongo
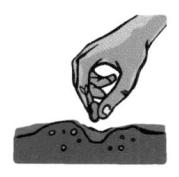		
بذور	سماد	حصّادة درّاسة
mbegu	mbolea	kivunaji

يحصد

mavuno

محصول

mavuno

بطاطا يامس

viazi vikuu

قمح

ngano

صويا

soya

بطاطا

viazi

ذرة

mahindi

سلجم

rapa

شجرة فاكهةَ

mti wa matunda

نبات منيهوت

muhogo

الحبوب

nafaka

مزرعة - shamba

nyumba

مدخنة
chimni

سقْف
paa

مزراب
bomba la maji ya mvua

نافذة
dirisha

مرآب
gareji

جرس الباب
kengele ya mlangoni

باب
mlango

قمامة
pipa la taka

صندوق البريد
sanduku la barua

حديقة
bustani

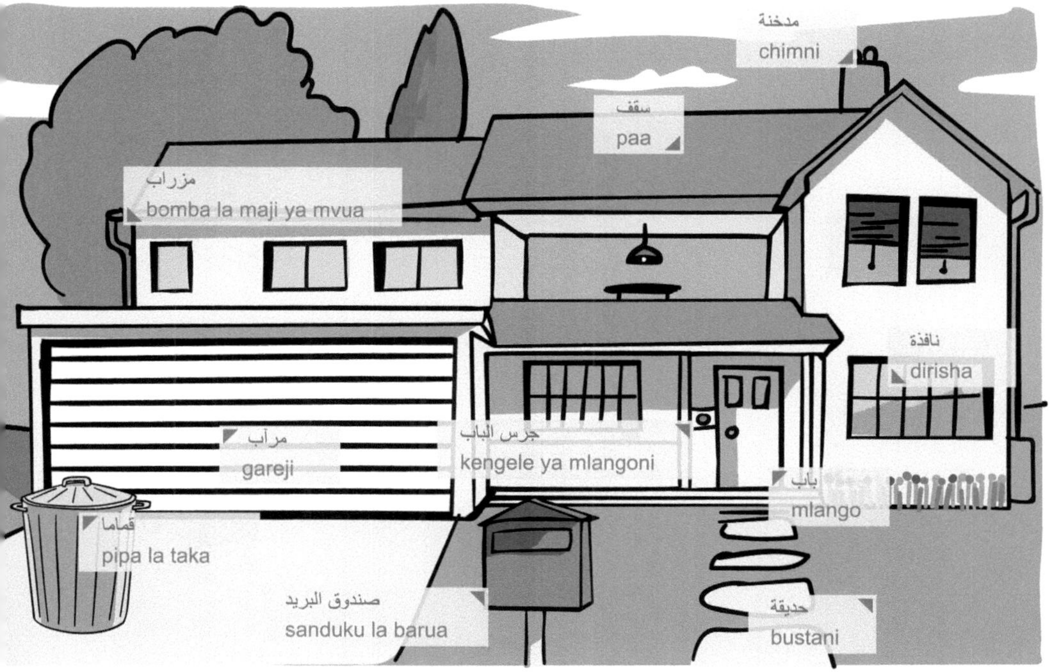

غرفة جلوس

sebuleni

الحمّام

bafu

مطبخ

jikoni

غرفة النوم

chumba cha kulala

غرفة الأطفال

chumba ya mtoto

غرفة الطعام

chumba cha kulia

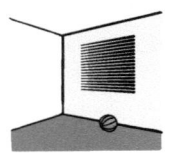

أرضية

sakafu

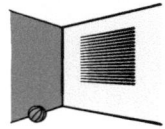

حائط

ukuta

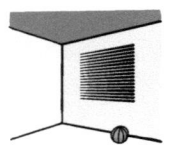

سقف

dari

قبو

pishi

ساونا

sauna

بلكون

roshani

شُرفة

mtaro

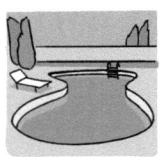

مسبح

kidimbwi

جزّازة العشب

mashine ya kukata nyasi

بياضات السرير

karatasi

بطانية

kitambaa cha kupamba
kitanda

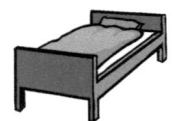

سرير

kitanda

مكنسة

ufagio

سطل

ndoo

مفتاح كهربائي

kubadili

غرفة جلوس

sebuleni

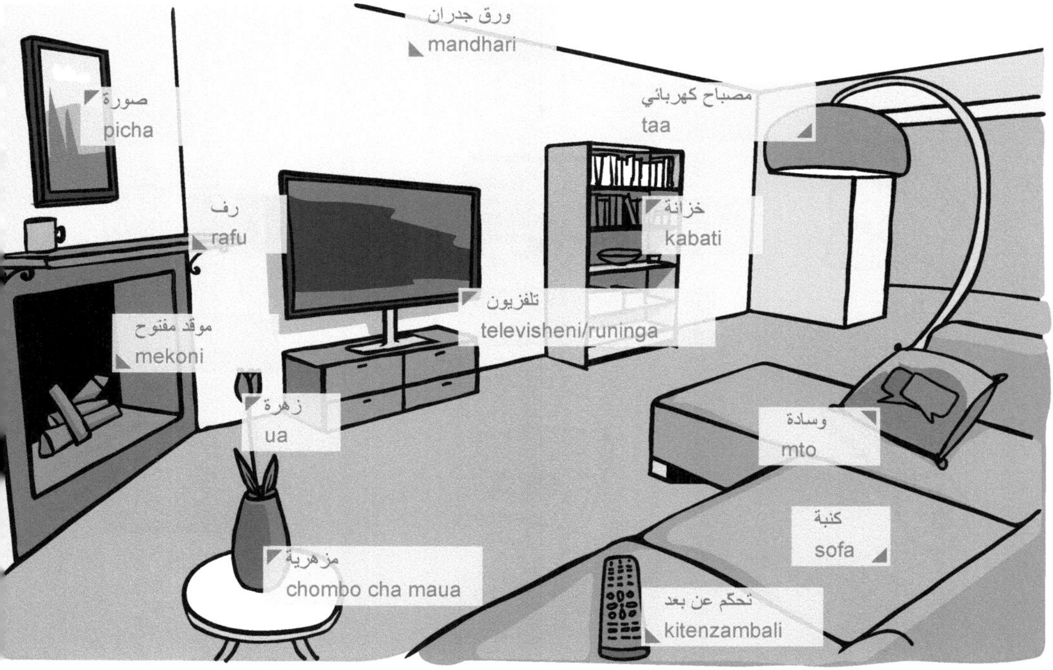

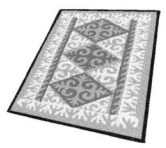

ورق جدران
mandhari
صورة
picha
مصباح كهربائي
taa
رف
rafu
خزانة
kabati
تلفزيون
televisheni/runinga
موقد مفتوح
mekoni
زهرة
ua
وسادة
mto
كنبة
sofa
مزهرية
chombo cha maua
تحكم عن بعد
kitenzambali

بصاط

zulia

ستارة

pazia

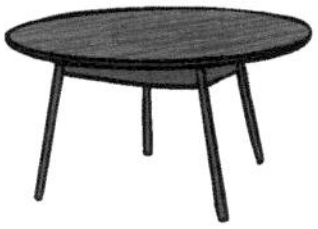

طاولة

meza

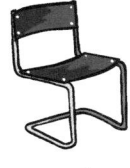

كرسي

kiti

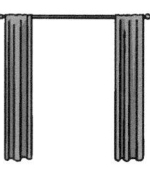

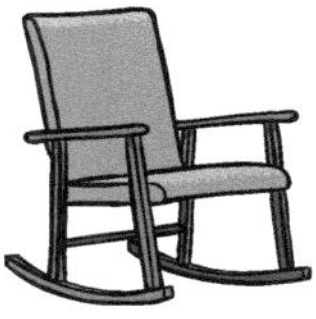

كرسي هزّاز

kiti cha bembea

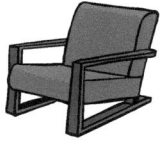

كرسي ذو ذراعين

armchair

الكتاب

kitabu

بطانية

blanketi

زخرفة

mapambo

الحطب

kuni

فيلم

filamu

تجهيزات ستيريو

kifaa cha hi-fi

مفتاح

ufunguo

جريدة

gazeti

لوحة مرسومة

uchoraji

مُلصق

bango

راديو

redio

دفتر ملاحظات

daftari

المكنسة الكهربائية

kifyonza

صبّار

dungusi kakati

شمعة

mshumaa

مطبخ
jikoni

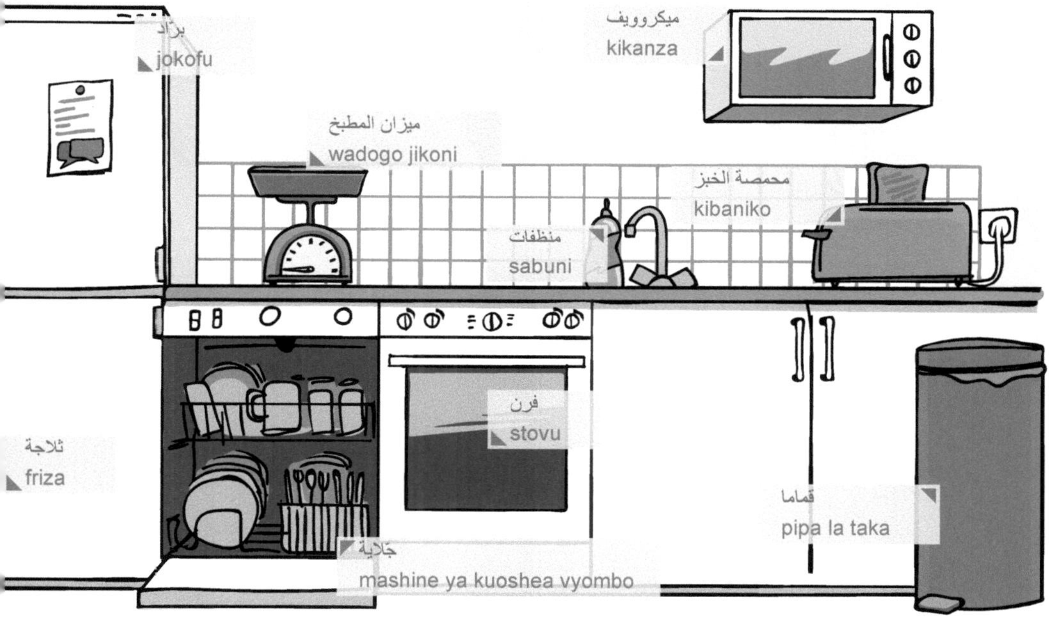

برّاد
jokofu
ميكروويف
kikanza
ميزان المطبخ
wadogo jikoni
محمصة الخبز
kibaniko
منظفات
sabuni
فرن
stovu
ثلاجة
friza
قماما
pipa la taka
جَلاية
mashine ya kuoshea vyombo

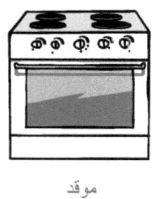

موقد

jiko la kupika

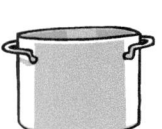

قِدر

chungu

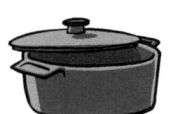

وعاء من الحديد

sufuria ya chuma

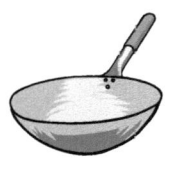

قدر صيني

wok / kadai

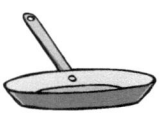

مقلاة

kaango

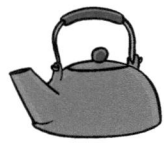

غلاية

birika

قدر البخار

stima

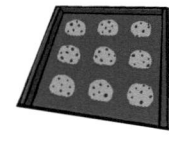

صينية

sinia ya kuoka

أواني

vyombo vya udongo

فنجان

kombe

صحن

bakuli

عيدان الأكل

vijiti vya kulia

مغرفة

ukawa

ملعقة منبسطة

mwiko mpana

خفاقة

burashi

مصفاة

kichujio

مصفاة

chujio

مبشرة

mbuzi

هاون

chokaa

شواء

barbeque

موقد

moto wazi

لوح التقطيع

ubao wa majaribio

نشّابة

kijiti cha kusukuma unga

مفتاح الزجاجات

kizibuo

علبة

kopo

مفتاح العلب المعدنية

inaweza kopo

قماش الفرن

kishikio cha chungu

مجلى

karo

فرشاة

brashi

إسفنج

sifongo

خلاط

kisagaji matunda

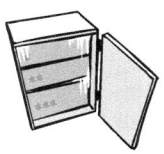

مجمّدة

friji ya kina

زجاجة الطفل

chupa ya mtoto

صنبور الماء

bomba

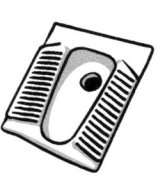

الحمّام

bafu

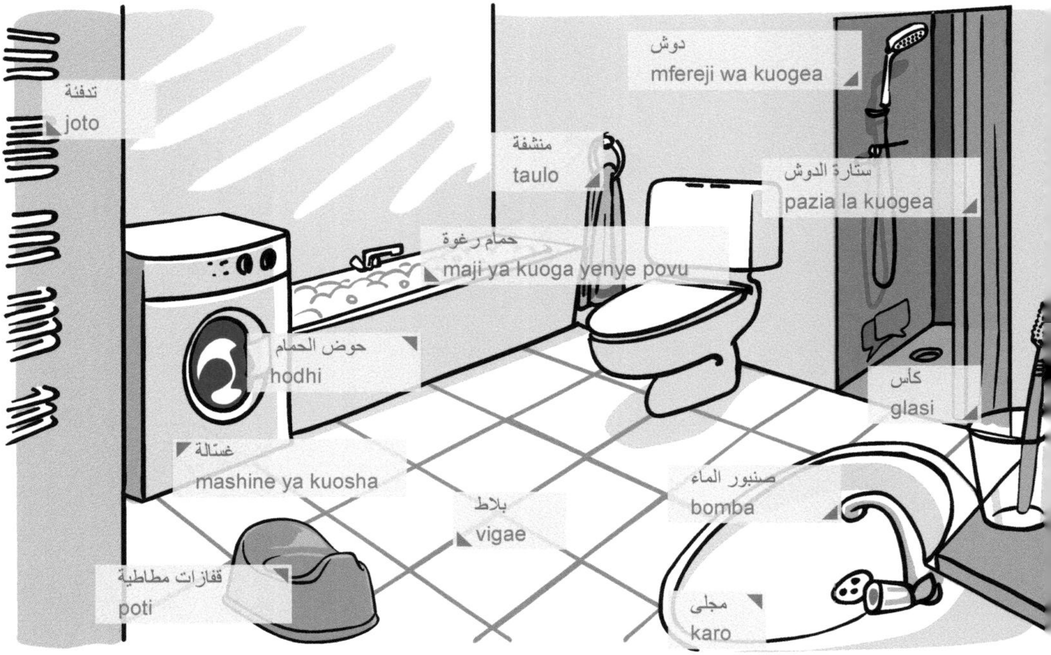

تدفئة
joto
دوش
mfereji wa kuogea
منشفة
taulo
ستارة الدوش
pazia la kuogea
حمام رغوة
maji ya kuoga yenye povu
حوض الحمام
hodhi
كأس
glasi
غسّالة
mashine ya kuosha
صنبور الماء
bomba
بلاط
vigae
قفازات مطاطية
poti
مجلى
karo

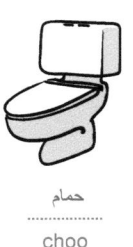

حمام

choo

مرحاض القرفصاء

choo cha squat

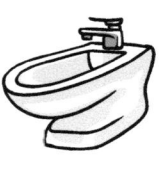

حوض التشطيف

beseni la mviringo

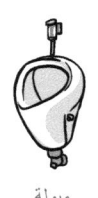

مبولة

choo cha umma

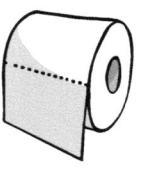

ورق المرحاض

shashi

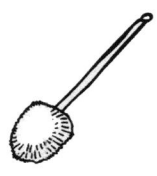

فرشاة الحمام

brashi ya choo

فرشاة الأسنان

mswaki

معجون الأسنان

dawa ya meno

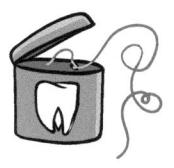

خيط حرير لتنظيف الأسنان

dawa ya meno

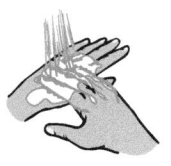

يغسل

safisha

رشاش ماء يدوي

kuoga mkono

شطاف

msukumo wa maji

حوض الغسيل

bonde

فرشاة الظهر

mpako wa pili

صابون

sabuni

جيل الدوش

jeli ya kuogea

شامبو

shampuu

ممسحة

flana

مصرف للماء

toa maji

مرهم

krimu

مزيل الروائح

kiondoa harufu

مرآة

kioo

مرآة يد

kioo mkono

موس حلاقة

kinyozi

رغوة الحلاقة

povu la kunyoa

كولونيا

baada ya kunyoa

مشط

kichana

فرشاة

brashi

سشوار

kikausha nywele

مثبت للشعر

marashi ya nyewele

ماكياج

vipodozi

روج

kidomwa

طلاء أظافر

varnish ya msumari

قطن

pamba

مقص أظافر

mkasi wa kucha

عطر

manukato

سلّة الغسيل

mkoba wa kuosha

مقعد صغير

kinyesi

ميزان

mizani

معطف الحمام

nguo ya kuoga

قفازات مطاطية

glavu za mpira

سدادة قطنية

kisodo

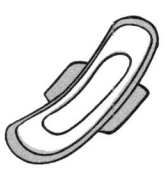

منشفة صحية

sodo

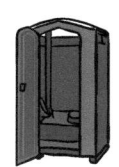

تواليت كيميائية

kemikali choo

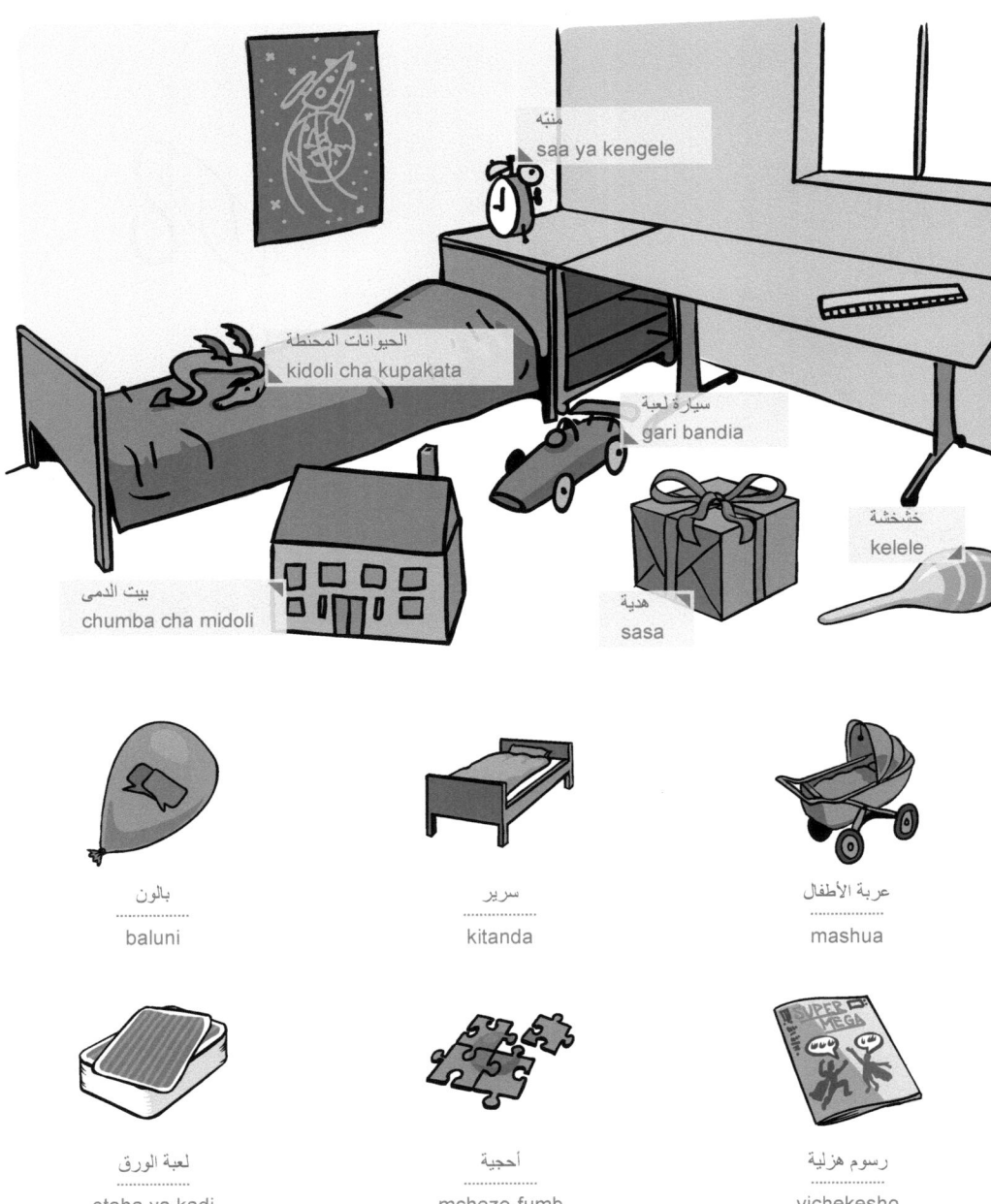

منبّه
saa ya kengele

الحيوانات المحنطة
kidoli cha kupakata

سيارة لعبة
gari bandia

خشخشة
kelele

بيت الدمى
chumba cha midoli

هدية
sasa

بالون
baluni

سرير
kitanda

عربة الأطفال
mashua

لعبة الورق
staha ya kadi

أحجية
mchezo-fumb

رسوم هزلية
vichekesho

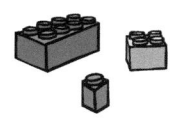

أحجار الليغو

matofali lego

حجارة تركيب

vitalu mwigo

دمية بطل

hatua takwimu

لباس الطفل

suti ya kulalia

فريسبي

kisahani

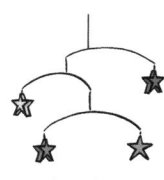

دمية معلقة

simu

لعبة الطاولة

ubao wa michezo

لعبة النرد

kete

لعبة قطار

garimoshi mwigo

مصّاصة

dummy

حفلة

chama

كتاب مصوَّر

picha kitabu

كرة

mpira

دمية

kikaragosi

يلعب

kucheza

ملعب رملي للأطفال

shimo la mchanga

أرجوحة

bembea

لعبة

vitu bandia

ألعاب فيديو

kiweko cha video ya mchezo

دراجة ثلاثية

baiskeli ya magurudumu

matatu

دمية على شكل الدب

mwanasesere

خزانة الثياب

kabati

ثياب

nguo

جوارب قصيرة

soksi

جوارب طويلة

stokingi

جورب بنطلون

kibano

شال
skafu

شمسية
mwavuli

تي شيرت
fulana

حزام
ukanda

حذاء شتوي
viatu

شبشب
ndara

أحذية رياضية
wakufunzi

صندل
malapa

حذاء
viatu

جزمة كاوتشوك
mabuti ya mpira

سروال داخلي
suruali ya ndani

صدارة
sidiria

قميص داخلي
fulana

لباس ملاصق للجسم

mwili

بنطلون

suruali

جينز

dangirizi

تنورة

sketi

بلوزة

blauzi

قميص

shati

سترة قطنية

vuta

كنزة كم طويل

sweta

سترة فضفاضة

bleza

سترة

jaketi

معطف

koti

معطف مطري

koti la mvua

زي - طقم نسائي

maleba

ثوب

gauni

ثوب الزفاف

mavazi ya harusi

طقم

suti

قميص نوم

vazi la usiku

بيجاما

pajama

ساري

sari

حجاب

skafu

عمامة

kilemba

برقع

burka

قفطان

kaftan

عباءة

abaya

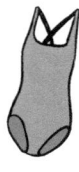

مايوه

vazi la kuogelea

سروال سباحة

vazi la kiume la kuogelea

شرت

kaptura

بدلة رياضية

teitei

مئزر

aproni

ققازات

glavu

زر

kifungo

نظّارة

glasi

إسوارة

bangili

عقد

mkufu

خاتم

pete

قرط

herini

طاقيّة

kofia

علاقة ثياب

kiango cha koti

قبّعة

kofia

ربطة العنق

tai

سحّاب

zipu

خوذة

kofia

حمّالة البنطلون

kanda za suruali

اللباس المدرسي

sare za shule

زي موحّد

sare

مريلة الأطفال

bibu

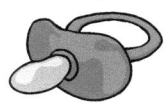

مصاصة

dummy

لفافة

nepi

مكتب

ofisi

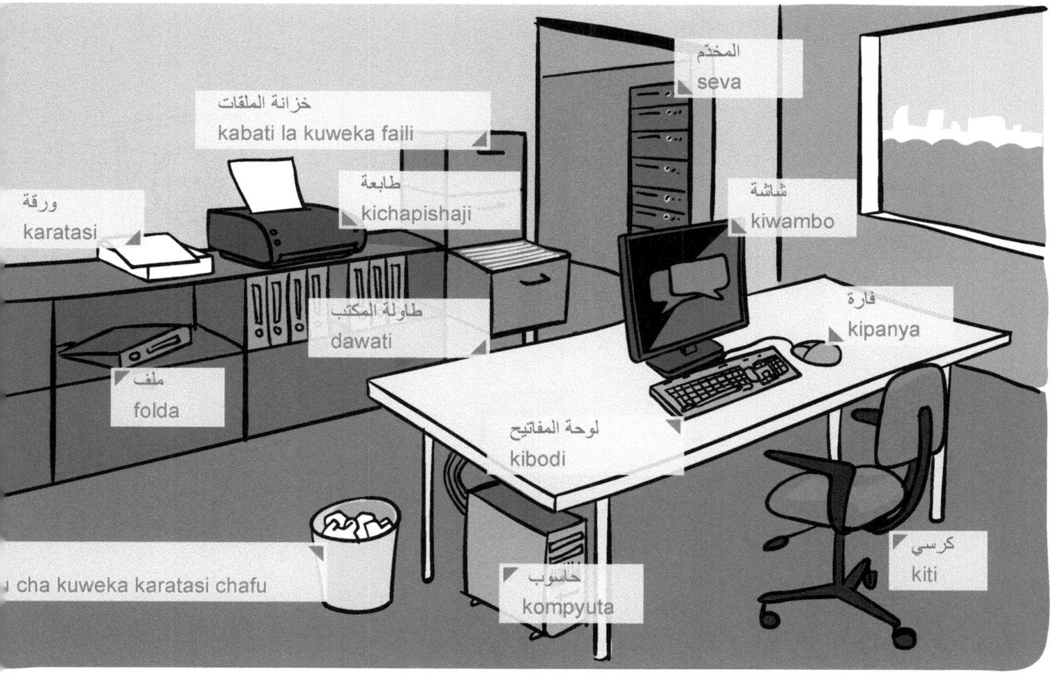

كأس من القهوة

kmobe la kahawa

الآلة الحاسبة

kikokotoo

الإنترنت

biashara

الحاسوب المحمول

mbali

رسالة

barua

خبر

ujumbe

الهاتف المحمول

rununu

شبكة

intaneti

جهاز تصوير

fotokopia

البرمجيات

programu

هاتف

simu

مقبس كهربائي

soketi

فاكس

kipepesi

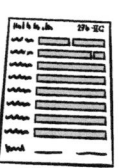

استمارة

fomu

وثيقة

hati

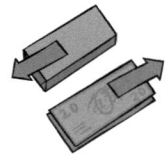

يشتري

kununua

يدفع

kulipa

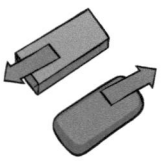

يتاجر

biashara

مال

fedha

دولار

dola

يورو

yuro

ين

yeni

لبور

rouble

فرنك سويسري

faranga ya Uswisi

يوان

renminbi yuan

روبية

rupia

صرّاف آلي

eneo la kulipia

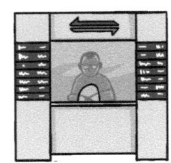

مكتب صرافة

ofisi ya ubadilishanaji

ذهب

dhahabu

فضة

fedha

نفط

mafuta

طاقة

nishati

سعر

bei

عقد

mkataba

ضريبة

kodi

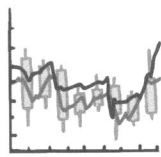

سهم

bidhaa

يعمل

kazi

موظف

mfanyakazi

رب العمل

mwajiri

مصنع

kiwanda

متجر

duka

الشرطي
afisa wa polisi

رجل إطفاء
mzimamoto

طبّاخ
mpishi

الطبيب
daktari

طيّار
rubani

بستاني
mtunza bustani

نجّار
seremala

خيّاطة
mshonaji

قاض
hakimu

كيميائي
mwanakemia

ممثّل
muigizaji

سائق حافلة

dereva wa basi

سائق تاكسي

dereva wa teksi

صياد سمك

mvuvi

أجيرة للتنظيف

mwanamke wa kusafisha

بنّاء سقف

mwezekaji

نادل

mhudumu

صيّاد

mwindaji

رسّام

mchoraji

خبّاز

mwokaji

كهربائي

umeme

عامل بناء

mjenzi

مهندس

mhandisi

لحّام

mchinjaji

سمكري

fundi bomba

ساعي البريد

mwanaposta

جندي

mwanajeshi

مهندس معماري

msanifu majengo

أمين صندوق

keshia

بائع الزهور

muuza maua

حلاق

msusi

مراقب القطار

kondakta

ميكانيكي

mekanika

قبطان

nahodha

طبيب أسنان

daktari wa meno

رجل العلم

mwanasayansi

حاخام

rabbi

إمام

imamu

راهب

mtawa

كاهن

kasisi

عدة عمل

zana

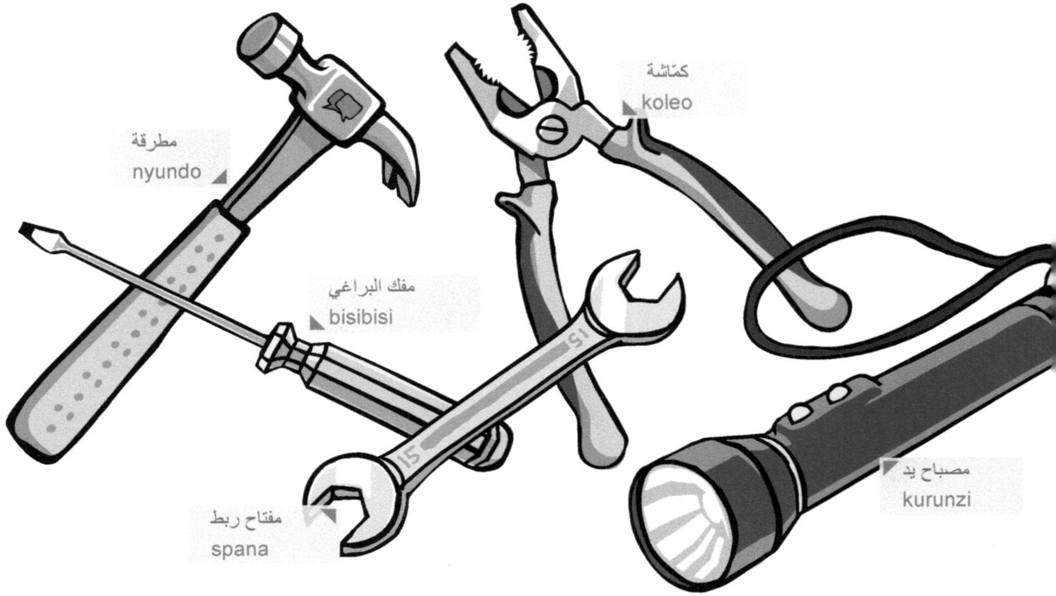

مطرقة
nyundo
كمّاشة
koleo
مفك البراغي
bisibisi
مفتاح ربط
spana
مصباح يد
kurunzi

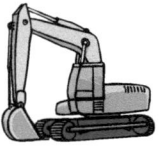

جرافة

mchimbaji

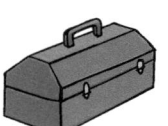

صندوق العدة

sanduku la vifaa

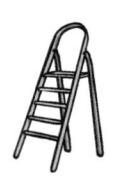

سلّم

ngazi

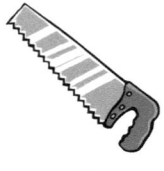

منشار

msumeno

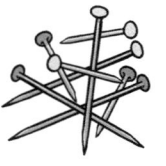

مسامير

misumari

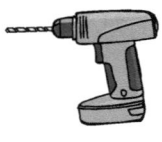

مثقب

kuchimba visima

يصلح

kukarabati

مجرفة

sepetu

اللعنة

Lo!

لقاطة الكناسة

kishikio cha uchafu

سطل الألوان

chungu cha rangi

براغي

skurubu

آلات موسيقية

ala za muziki

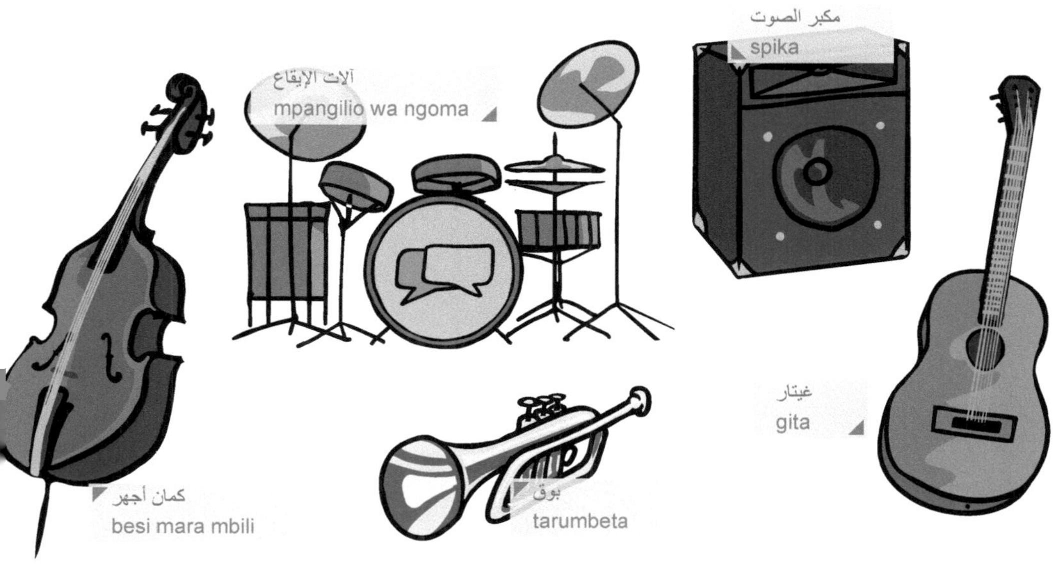

مكبر الصوت
spika

آلات الإيقاع
mpangilio wa ngoma

غيتار
gita

كمان أجهر
besi mara mbili

بوق
tarumbeta

بيانو

piano

كمنجة

fidla

جهير

ubeji

طبل كبير

timpani

طبل

ngoma

بيانو كهرباني

kibodi

ساكسوفون

saksafoni

ناي

filimbi

ميكروفون

maikrofoni

حديقة حيوانات

bustani ya wanyama

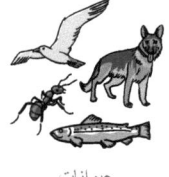

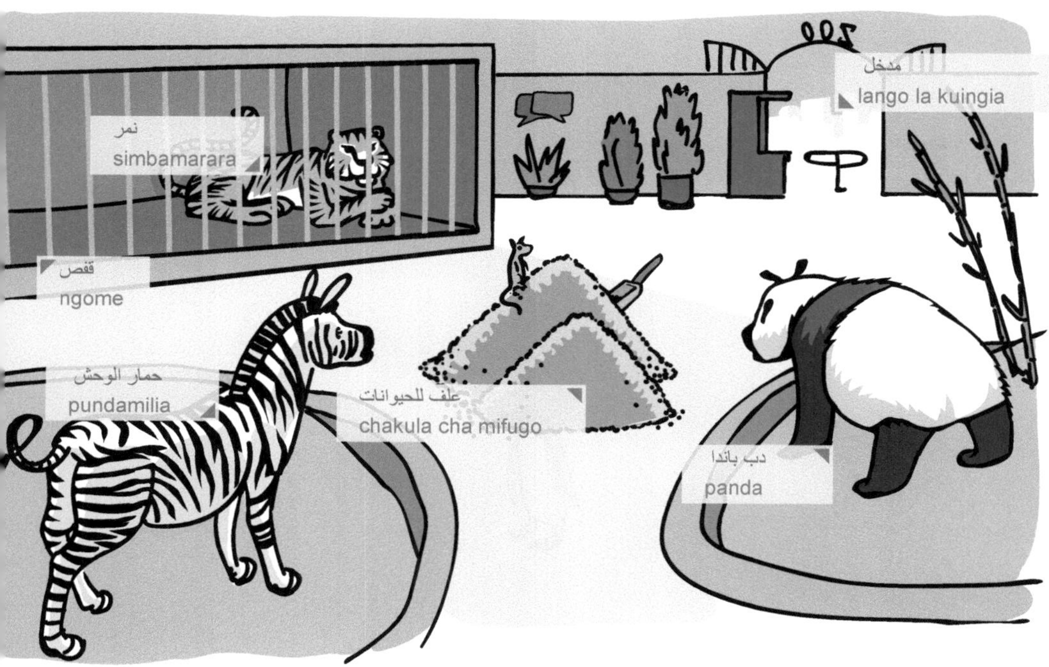

مدخل
lango la kuingia
نمر
simbamarara
قفص
ngome
حمار الوحش
pundamilia
علف للحيوانات
chakula cha mifugo
دب باندا
panda

حيوانات

wanyama

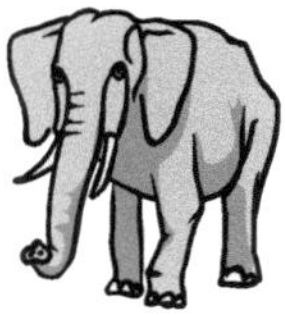

فيل

tembo

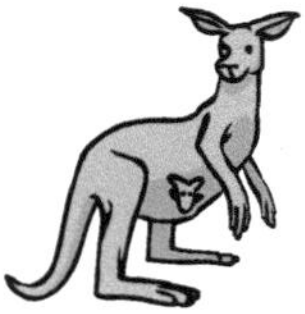

كنغر

kangaruu

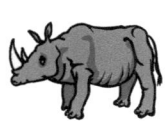

وحيد القرن

kifaru

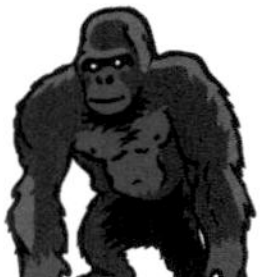

غوريلا

sokwe

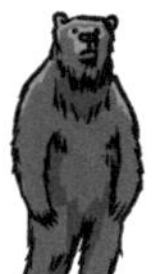

دب

dubu

جمل

ngamia

نعامة

mbuni

أسد

simba

قرد

tumbili

طائر فلامينغو

heroe

ببغاء

kasuku

دب قطبي

dubu

بطريق

penguini

سمك القرش

papa

طاووس

tausi

أفعى

nyoka

تمساح

mamba

حارس في حديقة الحيوان

mtunza wanyama

عجل البحر

muhuri

نمر أمريكي مرقط

jaguar

فرس مزقِ

mwanafarasi

نمر

chui

فرس النهر

kiboko

زرافة

twiga

نسر

tai

خنزير برّي

nguruwe mwitu

سمك

samaki

سلحفاة

kobe

حيوان فظ البحري

sili

ثعلب

mbweha

غزال

paa

كرة القدم الأمريكية
soka ya marekani

ركوب الدراجات
uendeshaji baiskeli

كرة التنس
tenisi

كرة السلة
mpira wa kikapu

السباحة
kuogelea

الملاكمة
ndondi

هوكي الجليد
magongo ya barafuni

كرة القدم
soka

الريشة الطائرة
vinyoya

ألعاب القوى الخفيفة
riadha

كرة اليد
mpira wa mikono

التزلج على الثلج
skii

بولو
polo

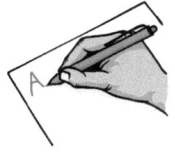

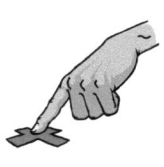

نشاطات

shughuli

يضحك
cheka
يقفز
kuruka
يعانق
kumbatia
يمشي
kutembea
يغنّي
kuimba
يحلم
ota ndoto
يصلّي
kuomba
يقبل
busu

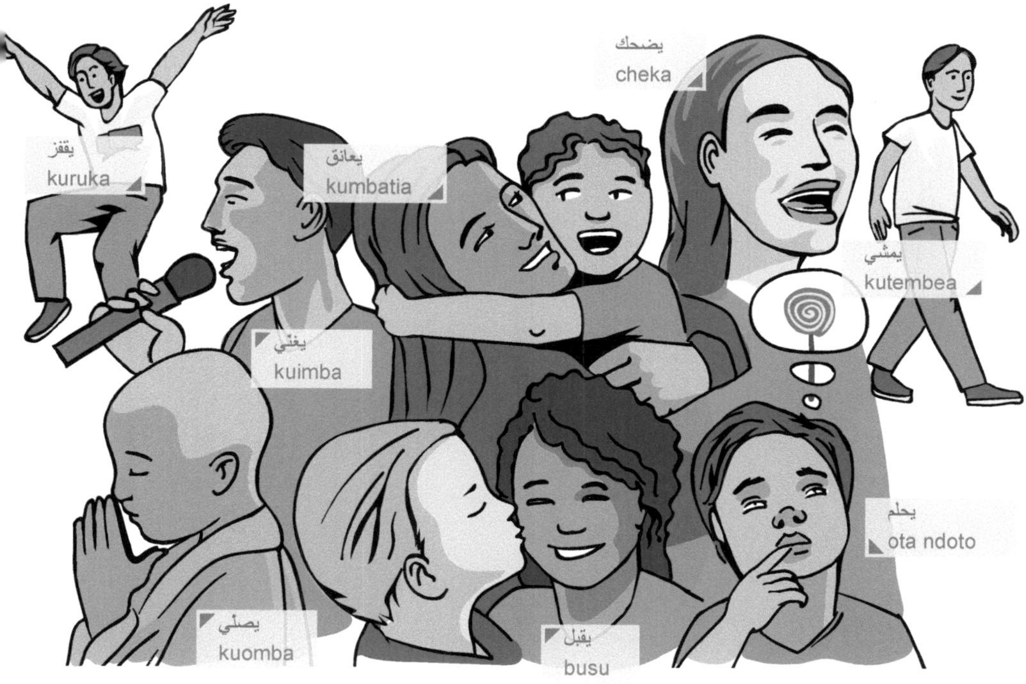

يكتب
....
kuandika

يرسم
....
kuteka

يُري
....
angalia

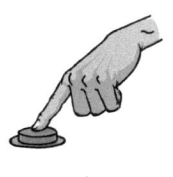

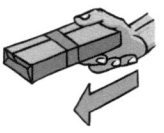

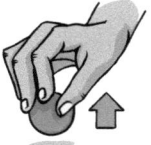

يدفع
....
sukuma

يعطي
....
kutoa

يأخذ
....
kuchukua

يَملُك	يعمل	يوجد
kuwa	fanya	kuwa

يقِف	يركض	يسحب
kusimama	kukimbia	vuta

يرمي	يقع	يستلقي
kutupa	kuanguka	hadaa

ينتظر	يحمل	يجلس
kusubiri	kubeba	kukaa

يلبس	ينام	يستَيقظ
vaa nguo	usingizi	kuamka

ينظر إلى ..

kuangalia

يبكي

lia

يمسّد

kiharusi

يمشّط

chana nywele

يتكلم

ongea

يفهم

kuelewa

يسأل

kuuliza

يسمع

kusikiliza

يشرب

kunywa

يأكل

kula

يرتّب

nadhifisha

يحب

upendo

يطبخ

mpishi

يقود

gari

يطير

kuruka

يبحر بزورق شراعي

meli

يحسب

kokotoa

يقرأ

kusoma

يتعلّم

kujifunza

يعمل

kazi

يتزوج

kuoa

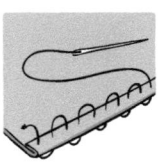

يخيط

kushona

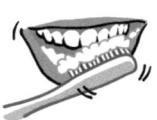

ينظف أسنانه

piga mswaki

يقتُل

kuua

يدخّن

moshi

يرسل

kutuma

عائلة

familia

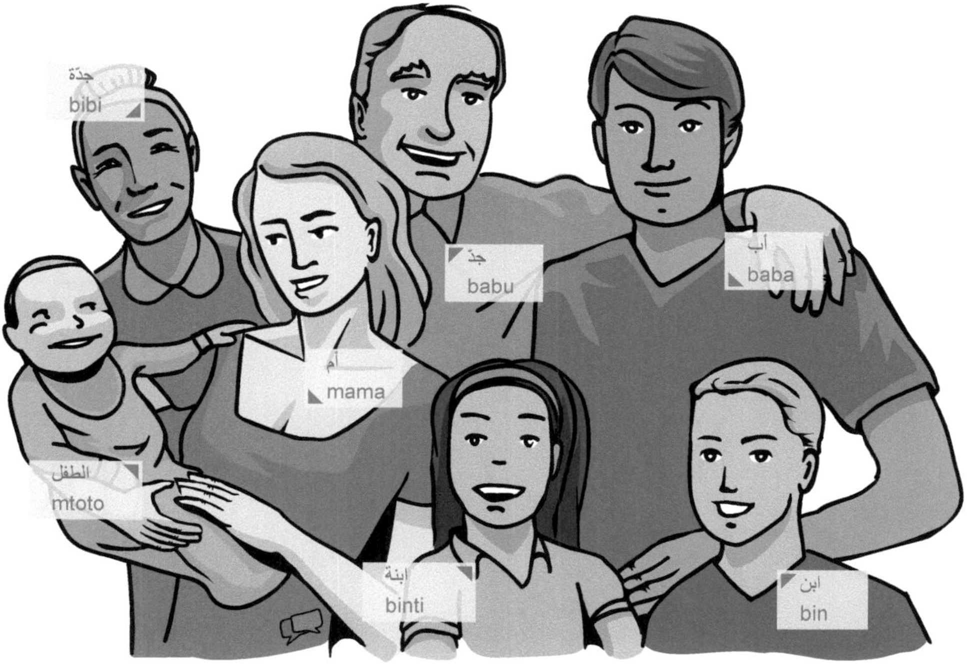
جدّة
bibi
جدّ
babu
أب
baba
أم
mama
الطفل
mtoto
ابنة
binti
ابن
bin

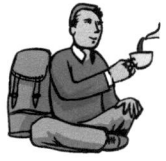

ضيف

mgeni

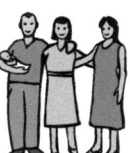

عمّة / خالة

shangazi

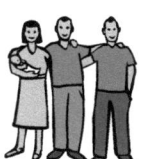

عمّ / خال

mjomba

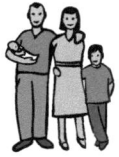

أخ

kaka

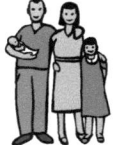

أخت

dada

الجسم

mwili

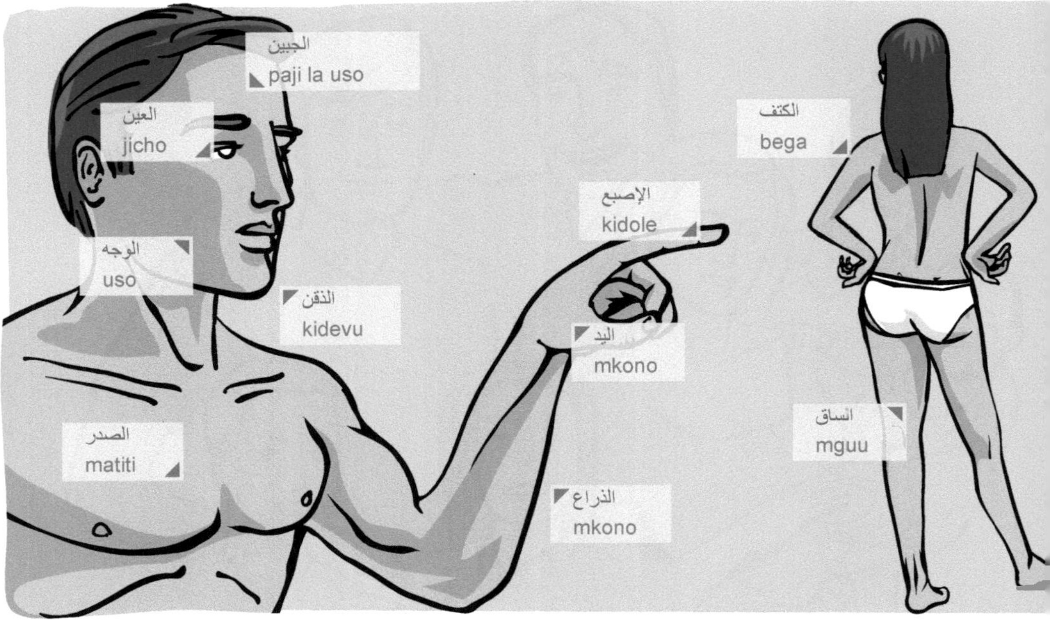

الجبين
paji la uso
العين
jicho
الكتف
bega
الإصبع
kidole
الوجه
uso
الذقن
kidevu
اليد
mkono
الساق
mguu
الصدر
matiti
الذراع
mkono

الطفل

mtoto

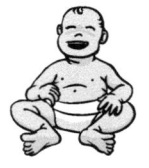

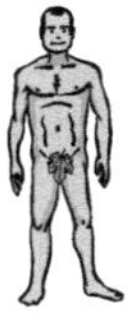

الرجل

mwanamume

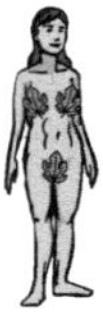

المرأة

mwanamke

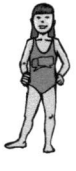

البنت

msichana

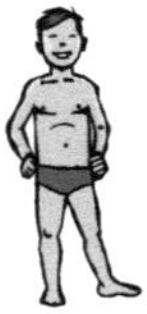

الولد

mvulana

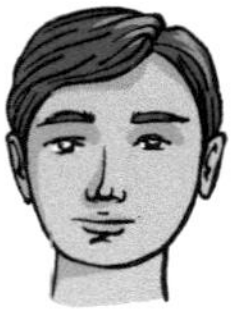

الرأس

kichwa

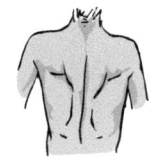	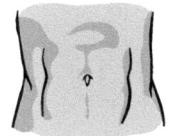	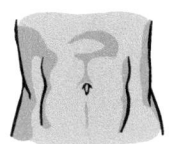
الظهر	البطن	السرّة
nyuma	tumbo	kitovu
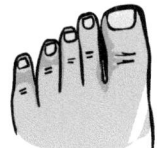	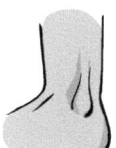	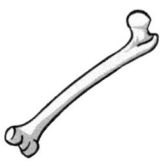
إصبع القدم	الكعب	العظم
chano	kisigino	mfupa
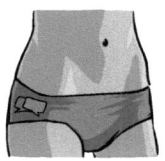	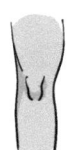	
الورك	الركبة	المرفق
nyonga	goti	kiwiko
		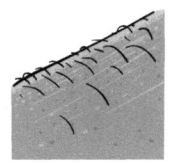
الأنف	العَجُز	البَشرة
pua	chini	ngozi
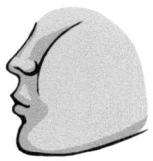	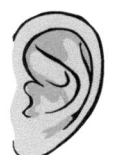	
الخد	الأذن	الشَفة
shavu	sikio	mdomo

الفم

kinywa

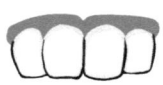

السن

jino

اللسان

ulimi

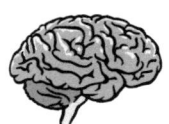

الدماغ

ubongo

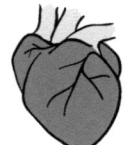

القلب

moyo

العضلة

misuli

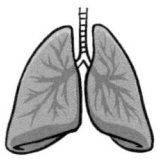

الرئة

pafu

الكبد

ini

المعدة

tumbo

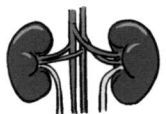

الكلى

figo

الاتصال الجنسي

jinsia

الواقي المطاطي

kondomu

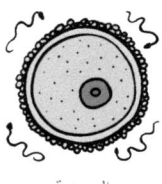

البويضة

ovari

المنيّ

shahawa

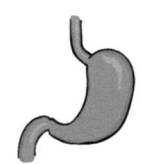

الحمل

mimba

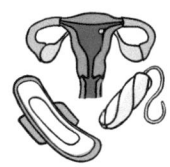		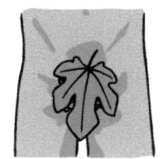
الحيض	المهبل	القضيب
hedhi	uke	uume
		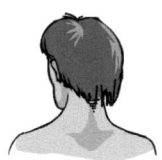
الحاجب	الشعر	الرقبة
unyusi	nywele	shingo

المستشفى
hospitali

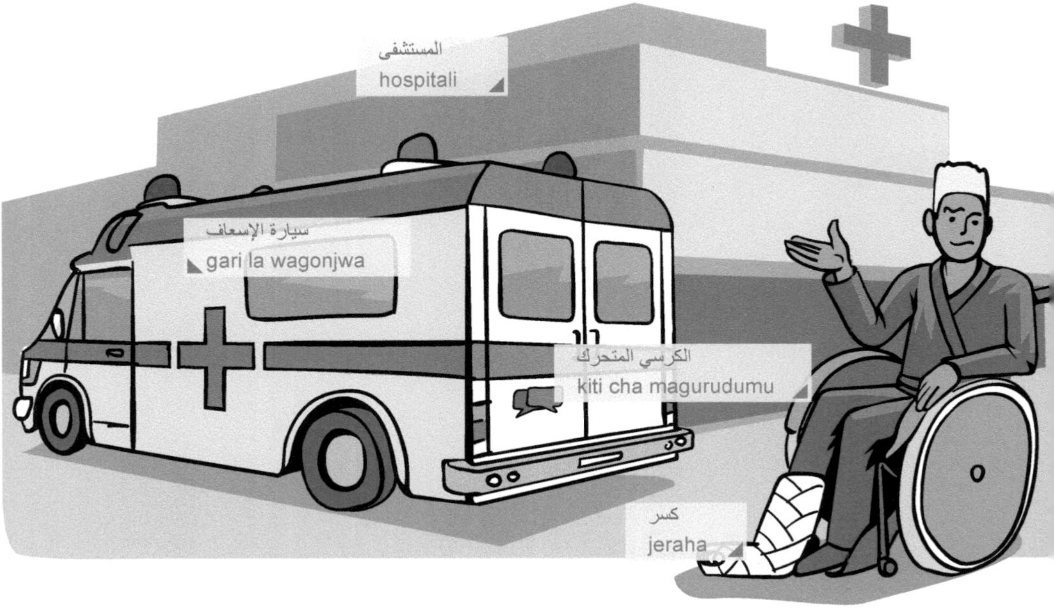

المستشفى
hospitali
سيارة الإسعاف
gari la wagonjwa
الكرسي المتحرك
kiti cha magurudumu
كسر
jeraha

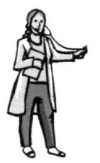

الطبيب

daktari

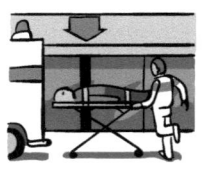

غرفة الإسعاف

chumba cha dharura

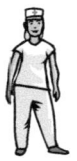

الممرضة

muuguzi

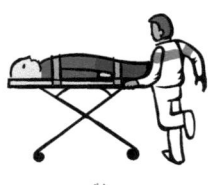

حالة

dharura

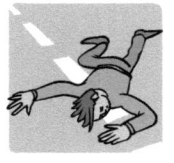

مغمى عليه

kupoteza fahamu

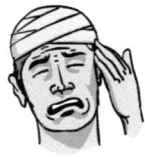

الألم

maumivu

إصابة

kuumia

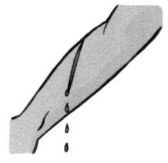

النزيف

kutokwa na damu

احتشاء القلب

mshtuko wa moyo

جلطة

kiharusi

حسسية

mzio

السعال

kikohozi

الحُمَّى

homa

إنفلونزا

mafua

الإسهال

kuharisha

وجع الرأس

maumivu ya kichwa

السرطان

kansa

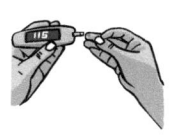

مرض السكر

ugonjwa wa kisukari

جرّاح

daktari mpasuaji

مبضع

kisu kidogo cha kupasulia

عملية

operesheni

سيتي سكان

picha changanufu ya mwili

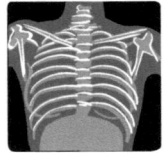

الأشعة السينية

Eksrei

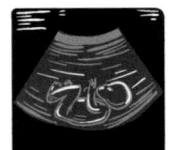

فوق الصوتي

mawimbi sauti

القناع

barakoa ya uso

المرض

ugonjwa

غرفة الانتظار

chumba cha kusubiri

العُكّاز

mkongojo

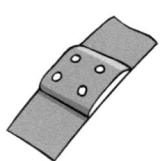

شريط لاصق

plasta

ضماد

bendeji

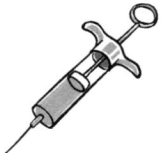

حقنة

sindano

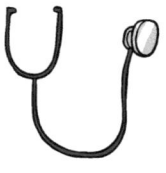

سمّاعة الطبيب

stetoskopu

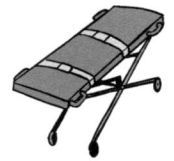

نقالة

machela

ميزان حرارة

kipimajoto cha kliniki

ولادة

kuzaliwa

وزن زائد

unene kupita kiasi

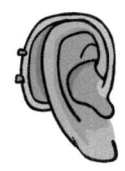

جهاز السمع

kusikia misaada

المواد المعقمة

kipukusi

عدوى

maambukizi

فيروس

virusi

الإيدز

VVU / UKIMWI

الطب

dawa

اللقاح

chanjo

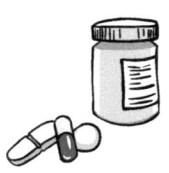

أقراص الدواء

vidonge

حبّة الدواء

kidonge

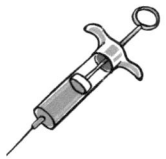

نداء النجدة

simu ya dharura

مقياس ضغط الدم

haemodainamometa

مريض / صحيح

mgonjwa / mwenye afya

النجدة!

Msaada!

إنذار

kengele

اعتداء

pigo

هجوم

shambulizi

خطر

hatari

مخرج طوارئ

lango la dharura

حريق!

Moto!

جهاز الإطفاء

kizima moto

حادث

ajali

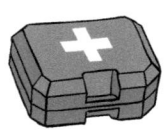

حقيبة الإسعاف الأولي

vifaa vya huduma ya kwanza

أنقذونا

wito wa msaada

الشرطة

polisi

أوروبا

Ulaya

أمريكا الشمالية

Amerika ya Kaskazini

أمريكا الجنوبية

Amerika ya Kusini

أفريقيا

Afrika

آسيا

Asia

أستراليا

Australia

المحيط الأطلسي

Atlantiki

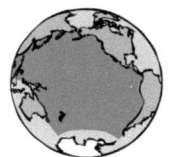

المحيط الهادي

Pasifiki

المحيط الهندي

Bahari ya Hindi

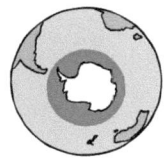

المحيط المتجمد الجنوبي

Bahari ya Antaktiki

المحيط المتجمد الشمالي

Bahari ya Aktiki

القطب الشمالي

Ncha ya Kaskazini

القطب الجنوبي

Ncha ya Kusini

منطقة القطب الجنوبي

Antaktika

أرض

dunia

بر

nchi

بحر

bahari

جزيرة

kisiwa

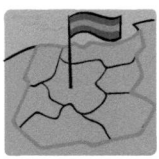

أمة

taifa

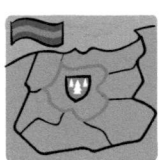

دولة

jimbo

ميناء الساعة

uso wa saa

عقرب الساعات

akrabu ya saa

عقرب الدقائق

akrabu ya dakika

عقرب الثواني

akrabu ya sekunde

كم الساعة الآن؟

Ni saa ngapi?

يوم

siku

زمن

wakati

الآن

sasa

ساعة رقمية

saa ya dijitali

دقيقة

dakika

ساعة

saa

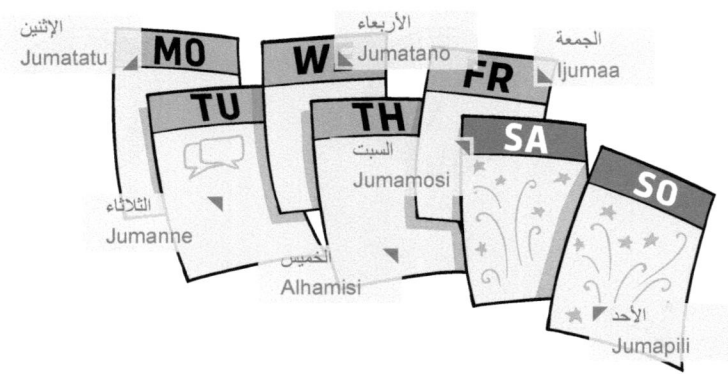

الإثنين Jumatatu — الأربعاء Jumatano — الجمعة Ijumaa — الثلاثاء Jumanne — السبت Jumamosi — الخميس Alhamisi — الأحد Jumapili

الأمس

jana

اليوم

leo

غدا

kesho

الصباح

asubuhi

الظهر

saa sita mchana

المساء

jioni

أيام العمل

siku za biashara

نهاية الأسبوع

mwishoni mwa wiki

مطر
mvua

قوس قزح
upinde wa mvua

ثلج
theluji

ريح
upepo

الربيع
majira ya machipuko

الخريف
vuli

الصيف
kiangazi

الشتاء
majira ya baridi

4.APRIL	11°	☀
5.APRIL	4°	
6.APRIL	13°	
7.APRIL	8°	❄
8.APRIL	10°	☀

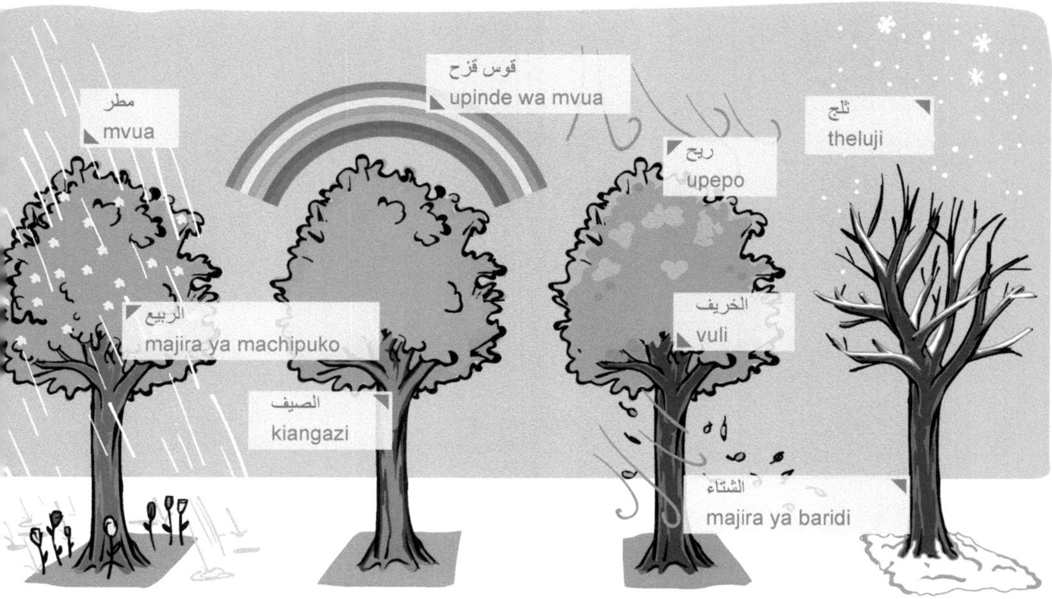

التنبؤ بالحالة الجوية

utabiri wa hali ya hewa

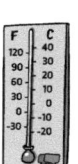

مقياس حرارة

kipimajoto

ضوء الشمس

mwanga wa jua

سحابة

wingu

ضباب

ukungu

رطوبة الجو

unyevu

برق

umeme

رعد

radi

عاصفة

dhoruba

بَرَد

mvua ya mawe

ريح موسمية

monsuni

طوفان

mafuriko

جليد

barafu

كانون الثاني / يناير

Januari

شباط / فبراير

Februari

آذار / مارس

Machi

نيسان / أبريل

Aprili

أيار / مايو

Mei

حزيران / يونيو

Juni

تموز / يوليو

Julai

آب / أغسطس

Agosti

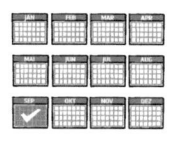

أيلول / سبتمبر

Septemba

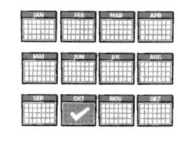

تشرين الأول / أكتوبر

Oktoba

تشرين الثاني / نوفمبر

Novemba

كانون الأول / ديسمبر

Desemba

أشكال

maumbo

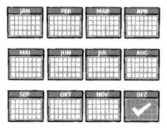

دائرة

mduara

مربّع

mraba

مستطيل

mstatili

مثلّث

pembetatu

كرة

nyanja

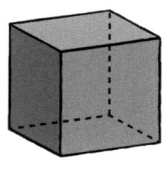

مكعّب

mchemraba

أبيض

nyeupe

أصفر

manjano

برتقالي

chungwa

وردي

rangi ya waridi

أحمر

nyekundu

بنفسجي

hudhurungi

أزرق

bluu

أخضر

kijani

بني

hanja

رمادي

jivujivu

أسود

nyeusi

كثير / قليل

mengi / kidogo

غضبان / هادئ

hasira / pole

جميل / قبيح

nzuri / mbaya

بداية / نهاية

mwanzo / mwisho

كبير / صغير

kubwa / ndogo

فاتح / قاتم

angavu / giza

أخ / أخت

kaka / dada

نظيف / وسخ

safi / chafu

كامل / ناقص

kamilika / tokamilika

نهار / ليل

siku / usiku

ميّت / حيّ

wafu / hai

عريض / ضيّق

pana / nyembamba

صالح للأكل / غير صالح kulika / kutolika	شرّير / لطيف ovu / ema	ممل / مثير sisimkwa / udhika

سمين / نحيف nene / nyembamba	أولاً / أخيراً kwanza / mwisho	صديق / عدو rafiki / adui

مليء / فارغ jaa / tupu	صلب / لين ngumu / laini	ثقيل / خفيف nzito / nyepesi

جوع / عطش njaa / kiu	مريض / صحيح mgonjwa / mwenye afya	غير شرعي / شرعي haramu / kisheria
	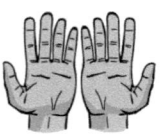	
ذكي / غبي akili / kijinga	يسار / يمين kushoto / kulia	قريب / بعيد karibu / mbali

جديد / مستعمل

mpya / kutumika

لا شيء / بعض الشيء

kitu / jambo

مسن / شاب

zee / changa

يشعل / يطفئ

waka / zima

مفتوح / مغلق

wazi / fungwa

خافت / عال

utulivu / kelele

غني / فقير

tajiri / masikini

صح / خطأ

sahihi / kosa

أحرش / املس

mbaya / laini

حزين / سعيد

huzunika / furahia

قصير / طويل

fupi /ndefu

بطيء / سريع

polepole / haraka

مبلول / جاف

nyevu / kavu

ساخن / بارد

joto / baridi

حرب / سلم

vita / amani

صفر	واحد	اثنان
sufuri	moja	mbili
ثلاثة	أربعة	خمسة
tatu	nne	tano
ستة	سبعة	ثمانية
sita	saba	nane
تسعة	عشرة	أحد عشر
tisa	kumi	kumi na moja

12
اثنا عشر
kumi na mbili

13
ثلاثة عشر
kumi na tatu

14
أربعة عشر
kumi na nne

15
خمسة عشر
kumi na tano

16
ستة عشر
kumi na sita

17
سبعة عشر
kumi na saba

18
ثمانية عشر
kumi na nane

19
تسعة عشر
kumi na tisa

20
عشرون
ishirini

100
مائة
mia

1.000
ألف
elfu

1.000.000
مليون
milioni

الإنكليزية

Kiingereza

الإنكليزية الأمريكية

Kiingereza cha Marekani

لغة ماندارين الصينية

Kimandarini cha Uchina

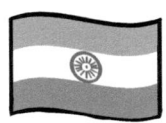

الهندية

Kihindi

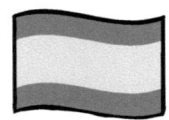

الإسبانية

Kihispania

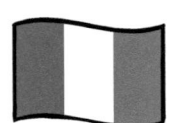

الفرنسية

Kifaransa

العربية

Kiarabu

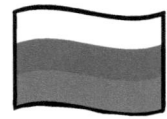

الروسية

Kirusi

البرتغالية

Kireno

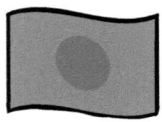

البنغالية

Kibengali

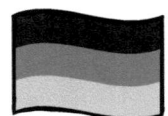

الألمانية

Kijerumani

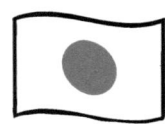

اليابانية

Kijapani

أنا	أنتَ	هو / هي
mimi	wewe	yeye / yeye / ni

نحن	أنتم	هم
sisi	wewe	wao

من؟	ماذا؟	كيف؟
nani?	nini?	jinsi gani?

أين؟	متى؟	اسم
wapi?	lini?	jina

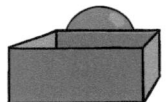

خلف

nyuma

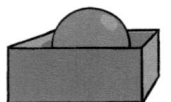

في

katika

أمام

mbele ya

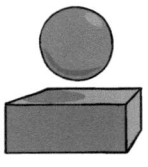

فوق

juu ya

على

kwenye

تحت

chini ya

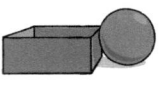

جنب

kando

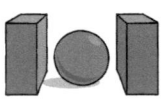

بين

kati

مكان

mahali